Comparing Countries

School Life

Porównujemy kraje

Życie szkolne

Sabrina Crewe
translated into Polish by Anna Burgess

W
FRANKLIN WATTS
LONDON • SYDNEY

Franklin Watts
First published in Great Britain in 2018 by The Watts Publishing Group

Page layout: Keith Williams
Illustration: Stefan Chabluk
Produced by Discovery Books Limited

The publisher would like to thank the following for permission to reproduce their pictures:
The Age/Getty Images 25; Rainier Martin Ampongan/Shutterstock 20; Anirut Thailand/
Shutterstock 24; Asahi Shimbun/Getty Images 9; City Montessori School 4; Jonas
Gratzer/Getty Images 28; Abd. Halim Hadi/Shutterstock 19; Wang He/Getty Images
22; Hemis/Alamy Stock Photo 27; Anton Ivanov/Shutterstock 10; Christopher Jones/
Alamy Stock Photo 14; Ton Koene/Alamy Stock Photo front cover (bottom); Angela
Louwe/Shutterstock front cover (top), title page, 11; Jake Lyell/Alamy Stock Photo 16;
Per-Anders Pettersson/Getty Images 23; Sami Sarkis/Getty Images 26; Science Photo/
Shutterstock 18; Tolga Sezgin/Shutterstock 17; Janek Skarzynski/ Getty Images 6; Kumar
Sriskandan/Alamy Stock Photo 12; Kim Wendt/Rosan Bosch Studio 29; Holly Wilmeth/
Getty Images 7; Brent Winebrenner/Getty Images 13; Dale Wittner/Alamy Stock Photo 5;
Zero Creatives/Getty Images 21; Zzvet/Shutterstock 15.

Every attempt has been made to clear copyright. Should there be any inadvertent
omission please apply to the publisher for rectification.

ISBN 978 1 4451 6006 1

Printed in China

MIX
Paper from
responsible sources
FSC® C104740
FSC
www.fsc.org

Franklin Watts
An imprint of
Hachette Children's Group
Part of The Watts Publishing Group
Carmelite House
50 Victoria Embankment
London EC4Y 0DZ

An Hachette UK company.
www.hachette.co.uk
www.franklinwatts.co.uk

All words in bold are
explained in the glossary
on pages 30-31.

Słowa oznaczone
pogrubioną czcionką
wyjaśniono w słowniczku
na stronach 30-31.

Contents

Spis treści

Schools around the world	4
Getting to school	6
Back to school	8
Uniform	10
The school day	12
Places to learn	14
School equipment	16
Lessons	18
Exercise!	20
Lunchtime	22
Fun at school	24
Learning at home	26
Amazing schools	28
Glossary	30
Index	32

Szkoły dookoła świata	4
Dotarcie do szkoły	6
Powrót do szkoły	8
Mundurek	10
Dzień szkolny	12
Miejsca do nauki	14
Sprzęt szkolny	16
Lekcje	18
Ćwiczenia!	20
Pora na drugie śniadanie	22
Zabawa w szkole	24
Uczenie się w domu	26
Niezwykłe szkoły	28
Słowniczek	30
Indeks	32

If you want to read this book in English, follow the blue panels. If you want to read this book in Polish, follow the yellow panels. Or you can read in both languages.

Jeśli chcesz przeczytać tę książkę po angielsku, czytaj tekst na niebieskim tle. Jeśli chcesz przeczytać ją po polsku, czytaj tekst na żółtym tle. Możesz też czytać ją w obydwu językach.

Schools around the world

There are schools in every country. Let's go around the world to look at some of them! You can compare school life in other countries with your own.

INDIA

Schools come in different sizes. The world's biggest school is in Lucknow, India. It has more than 50,000 pupils and 2,500 teachers!

Szkoły dookoła świata

W każdym kraju są szkoły. Udajmy się w podróż dookoła świata, aby przyjrzeć się niektórym z nich! Możesz porównać swoje życie szkolne z życiem szkolnym w innych krajach.

INDIE

Szkoły są różnej wielkości. Największa szkoła na świecie znajduje się w Indiach, w miejscowości Lucknow. Ma powyżej 50 000 uczniów oraz 2500 nauczycieli!

USA

Some schools in the countryside have just a few pupils. These small schools have just one classroom for pupils of all ages.

STANY ZJEDNOCZONE

Niektóre szkoły na wsi mają tylko kilku uczniów. W takich małych szkołach jest tylko jedna klasa dla uczniów w różnym wieku.

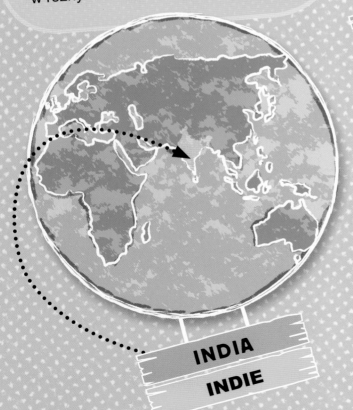

INDIA

INDIE

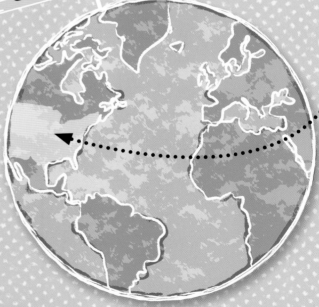

USA

STANY ZJEDNOCZONE

Getting to school

Dotarcie do szkoły

Today, all over the world, children are going to and from school. They walk, cycle or go by car. A few children go by boat, and many travel on buses.

Dziś na całym świecie dzieci idą do szkoły i z niej wracają. Idą pieszo, jadą rowerem albo samochodem. Niektóre dzieci płyną łódką, a wiele jedzie autobusem.

POLAND

In Poland, the school buses are orange. The buses pick up children near their homes and bring them back again after school.

POLSKA

W Polsce autobusy szkolne są w kolorze pomarańczowym. Autobusy zabierają dzieci w pobliżu domów, a po szkole znowu je odwożą.

6

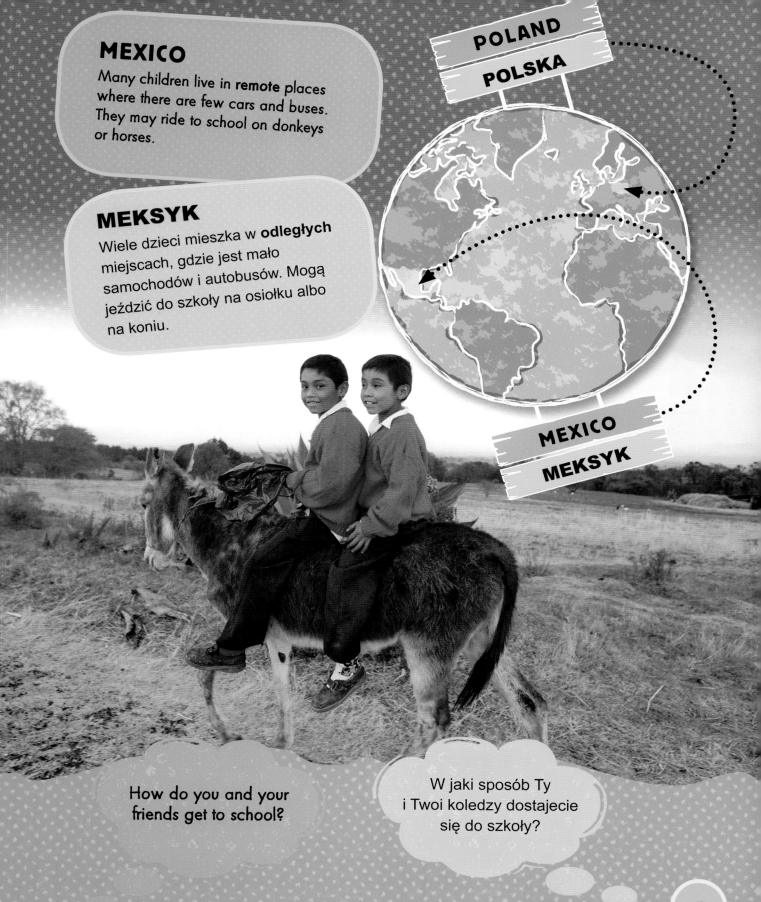

MEXICO

Many children live in remote places where there are few cars and buses. They may ride to school on donkeys or horses.

MEKSYK

Wiele dzieci mieszka w **odległych** miejscach, gdzie jest mało samochodów i autobusów. Mogą jeździć do szkoły na osiołku albo na koniu.

POLAND
POLSKA

MEXICO
MEKSYK

How do you and your friends get to school?

W jaki sposób Ty i Twoi koledzy dostajecie się do szkoły?

Back to school

Powrót do szkoły

The start of the school year is a big day for children everywhere. Some schools have special events on the first day of school.

Początek roku szkolnego jest wielkim dniem dla dzieci na całym świecie. W niektórych szkołach w pierwszym dniu nauki organizowane są specjalne imprezy.

RUSSIA

On 1 September Russians **celebrate** the first day of school as Knowledge Day. New pupils receive balloons and bring flowers for their teachers.

ROSJA

1 września Rosjanie **świętują** pierwszy dzień szkoły jako Dzień Wiedzy. Nowi uczniowie otrzymują balony i przynoszą nauczycielom kwiaty.

JAPAN

The new school year begins in April in Japan. Some children wear traditional clothes for their entrance ceremonies.

JAPONIA

W Japonii nowy rok szkolny rozpoczyna się w kwietniu. Niektóre dzieci zakładają **tradycyjne** ubrania na **uroczystości** z okazji rozpoczęcia szkoły.

RUSSIA
ROSJA

JAPAN
JAPONIA

What is a ceremony?

A ceremony marks a special occasion. Ceremonies often have speeches, songs and prizes.

Co to jest uroczystość?

Uroczystość związana jest ze specjalną okazją. Uroczystościom często towarzyszą przemówienia, piosenki oraz nagrody.

Uniform

In some schools, children wear their own clothes to school. In others, they have to wear a uniform.

GHANA

School uniforms give pupils an **identity**. The pattern and colour of the fabric show which school they belong to.

Mundurek

W niektórych szkołach dzieci noszą własne ubrania. W innych muszą zakładać mundurek.

GHANA

Mundurek szkolny nadaje uczniom **tożsamość**. Wzór oraz barwa materiału wskazuje na szkołę, do której uczeń należy.

What is identity?

Your identity is how you see yourself and how others see you. Maybe you **identify** yourself with your school, football team, family or country.

Co to jest tożsamość?

Tożsamość jest tym, w jaki sposób widzisz siebie oraz jak inni Ciebie widzą. Być może **utożsamiasz** się ze swoją szkołą, drużyną piłkarską, rodziną albo krajem.

INDONESIA

Many Muslim girls and women wear a **headscarf**. The headscarf is part of the girls' school uniform.

INDONEZJA

Wiele Muzułmanek — zarówno dziewczynek, jak i kobiet — nosi **chustę na głowie**. Chusta na głowie jest częścią mundurku szkolnego dziewczynek.

INDONESIA

INDONEZJA

GHANA

GHANA

The school day

Dzień szkolny

The school day is different around the world. It is longer in some places and shorter in others.

Dzień szkolny różni się na całym świecie. W niektórych miejscach jest dłuższy, a w innych krótszy.

SPAIN

Spanish schools have a 2–3 hour break in the middle of the day. Pupils often go home for lunch and a rest.

HISZPANIA

W hiszpańskich szkołach jest dwu- lub trzygodzinna przerwa w środku dnia. Uczniowie często idą do domu odpocząć i zjeść drugie śniadanie.

Too many pupils

Schools in some countries, including Poland, have too many pupils. So half the children go in the morning and the other half go in the afternoon!

Zbyt wielu uczniów

W niektórych krajach, łącznie z Polską, szkoły mają zbyt wielu uczniów. Połowa dzieci idzie więc do szkoły rano, a druga połowa po południu!

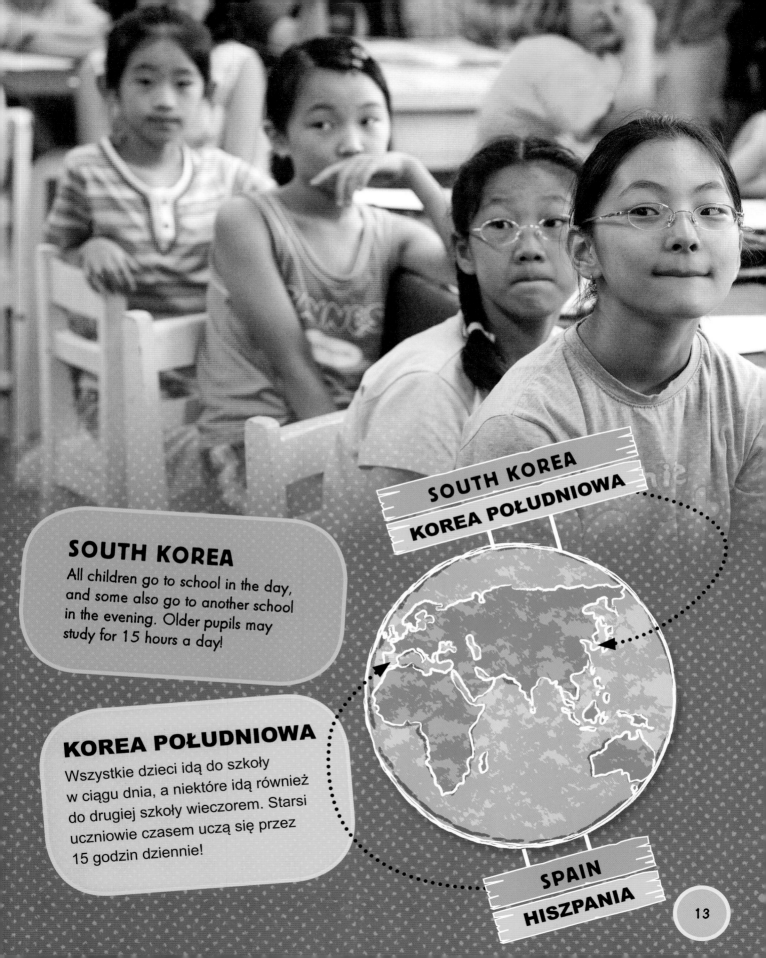

SOUTH KOREA

All children go to school in the day, and some also go to another school in the evening. Older pupils may study for 15 hours a day!

KOREA POŁUDNIOWA

Wszystkie dzieci idą do szkoły w ciągu dnia, a niektóre idą również do drugiej szkoły wieczorem. Starsi uczniowie czasem uczą się przez 15 godzin dziennie!

SOUTH KOREA
KOREA POŁUDNIOWA

SPAIN
HISZPANIA

Places to learn

Miejsca do nauki

You may think of a classroom as a room with walls and desks. But there are other places where children can learn.

Myśląc o klasie, można sobie wyobrazić salę ze ścianami i ławkami. Ale dzieci mogą uczyć się też w innych miejscach.

BRITAIN

Some of the best places to learn are outside. Outdoor classrooms are great places to study water, plants and animals.

WIELKA BRYTANIA

Niektóre z najlepszych miejsc do nauki znajdują się na świeżym powietrzu. Klasy na dworze są wspaniałymi miejscami do uczenia się o wodzie, roślinach oraz zwierzętach.

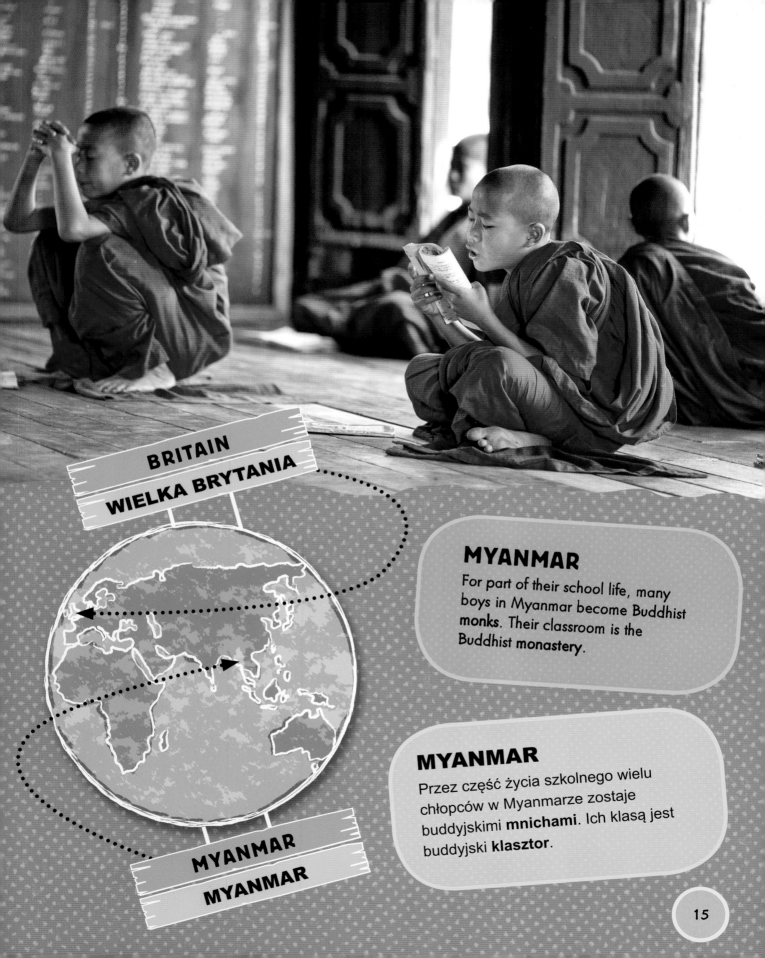

BRITAIN
WIELKA BRYTANIA

MYANMAR

For part of their school life, many boys in Myanmar become Buddhist monks. Their classroom is the Buddhist **monastery**.

MYANMAR

Przez część życia szkolnego wielu chłopców w Myanmarze zostaje buddyjskimi **mnichami**. Ich klasą jest buddyjski **klasztor**.

MYANMAR
MYANMAR

School equipment

Sprzęt szkolny

Some schools around the world have lots of modern **equipment**. In other schools, pupils have little equipment to help them.

Niektóre szkoły na świecie mają mnóstwo nowoczesnego **sprzętu**. W innych szkołach natomiast uczniowie mają mało sprzętu do pomocy.

TANZANIA

Many schools have classrooms and libraries with computers. Pupils gain computer skills and can take part in lessons online.

TANZANIA

Wiele szkół ma sale klasowe i biblioteki z komputerami. Uczniowie zdobywają umiejętności posługiwania się komputerem i mogą brać udział w lekcjach online.

TURKEY

Lots of children have come from Syria to Turkey as **refugees**. The refugee schools have few *supplies* except pencils and paper.

TURCJA

Wiele dzieci przyjechało do Turcji jako **uchodźcy** z Syrii. Szkoły dla uchodźców mają niewiele zasobów poza ołówkami oraz papierem.

TURKEY

TURCJA

TANZANIA

TANZANIA

What equipment in your school helps you the most?

Jaki sprzęt w Twojej szkole pomaga Ci najwięcej?

17

Lessons

Schools around the world teach reading, writing, **languages** and maths. In different parts of the world, children may have other kinds of lessons too.

GERMANY

In German schools, science lessons are important. Pupils learn about robots, computers and other **technology** in laboratories and workshops.

Lekcje

Na całym świecie szkoły uczą czytania, pisania, **języków** oraz matematyki. W różnych częściach świata dzieci mają też inne rodzaje lekcji.

NIEMCY

W niemieckich szkołach nauki ścisłe są ważne. Uczniowie uczą się o robotach, komputerach oraz innej **technologii** w laboratoriach i na warsztatach.

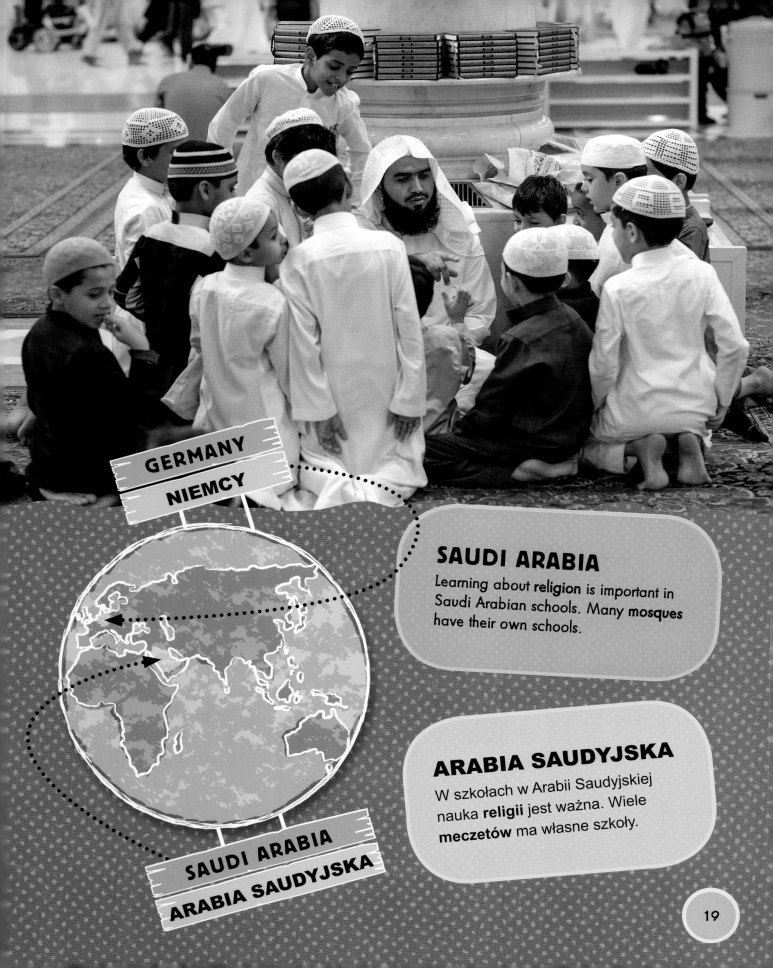

GERMANY
NIEMCY

SAUDI ARABIA
ARABIA SAUDYJSKA

SAUDI ARABIA

Learning about **religion** is important in Saudi Arabian schools. Many **mosques** have their own schools.

ARABIA SAUDYJSKA

W szkołach w Arabii Saudyjskiej nauka **religii** jest ważna. Wiele **meczetów** ma własne szkoły.

Exercise!

Ćwiczenia!

Physical **education** (PE for short) means it's time to exercise! In most countries, schools use PE to teach new sports and skills.

Wychowanie fizyczne (WF) oznacza czas na ćwiczenia! W większości krajów na lekcjach WF szkoła uczy nowych sportów oraz umiejętności.

PHILIPPINES

In the Philippines, children have PE lessons every week. They do fun exercises to be active and stay healthy.

FILIPINY

Na Filipinach dzieci mają co tydzień lekcje WF. Wykonują fajne ćwiczenia, aby być aktywnymi i dbać o zdrowie.

What is education?

Education means gaining skills and knowledge. Some education is learning facts, but other education can be learning how to do something, like swim or speak a new language.

Co to jest edukacja?

Edukacja oznacza zdobywanie umiejętności i wiedzy. Czasem edukacja polega na uczeniu się faktów, a czasem na nauce jak się coś robi — na przykład, na nauce pływania albo mówienia w nowym języku.

PHILIPPINES

FILIPINY

SOUTH AFRICA

Many schools have swimming lessons for PE. Children learn different swimming strokes and take part in competitions.

AFRYKA POŁUDNIOWA

W wielu szkołach na WF odbywają się lekcje pływania. Dzieci uczą się różnych stylów pływania oraz biorą udział w konkursach.

SOUTH AFRICA

AFRYKA POŁUDNIOWA

Lunchtime

Pora na drugie śniadanie

In the middle of the day, most schools stop lessons so everyone can have something to eat. Children around the world eat different things for lunch.

W środku dnia w większości szkół jest przerwa między lekcjami, aby wszyscy mogli coś zjeść. Dzieci na całym świecie jedzą odmienne rzeczy na drugie śniadanie.

CHINA

In China, children eat traditional food for lunch, such as fish and vegetables. Their school lunch almost always includes rice or noodles.

CHINY

W Chinach dzieci jedzą na drugie śniadanie tradycyjne potrawy, takie jak ryby czy warzywa. Na ich szkolnym drugim śniadaniu prawie zawsze jest ryż lub kluski.

LESOTHO

School lunch in Lesotho includes stew and pap, which is porridge made from ground **maize**. The cooks make lunch outside in big pots over open fires.

LESOTHO

Drugie śniadanie w Lesotho składa się z potrawki przyrządzonej z owsianki z mielonej **kukurydzy**. Kucharze gotują śniadanie na dworze w dużych garnkach na otwartym ogniu.

CHINA

CHINY

LESOTHO

LESOTHO

How does your lunch compare with lunch in other countries?

Jak Twoje drugie śniadanie wypada w porównaniu z drugim śniadaniem w innych krajach?

Fun at school

There are lots of different ways to have fun during the school day.

THAILAND

Playing in a school band is always enjoyable. In Thailand, children use traditional instruments that have been played for hundreds of years.

What is your favourite way to have fun at school?

Zabawa w szkole

Jest wiele różnych sposobów, aby dobrze się bawić podczas dnia w szkole.

TAJLANDIA

Granie w szkolnym zespole muzycznym zawsze jest przyjemne. W Tajlandii dzieci korzystają z tradycyjnych instrumentów, na których gra się od setek lat.

Jaki jest Twój ulubiony sposób na zabawę w szkole?

NEW ZEALAND

Making things at school is a fun way to learn. Many schools teach children about healthy foods through cookery lessons.

NOWA ZELANDIA

Robienie rzeczy w szkole to nauka przez zabawę. W wielu szkołach dzieci uczą się o zdrowej żywności na lekcjach gotowania.

NEW ZEALAND

NOWA ZELANDIA

THAILAND

TAJLANDIA

Learning at home

After school, some children have homework to do. Other children do all their learning at home.

FRANCE

At 4.30 p.m., most children go home to eat with their families and do their homework. It is usual for older French children to have two hours of homework to do.

Uczenie się w domu

Po szkole niektóre dzieci mają lekcje do odrobienia w domu. Inne dzieci natomiast uczą się tylko w domu.

FRANCJA

O 16:30 większość dzieci idzie do domu, aby zjeść ze swoimi rodzinami posiłek oraz odrobić lekcje. Zwykle starsze francuskie dzieci muszą odrabiać zadania domowe przez dwie godziny.

AUSTRALIA

AUSTRALIA

FRANCE

FRANCJA

AUSTRALIA

Some children live so far away from schools that they have to learn at home. They **communicate** with teachers using the Internet or special radios that send and receive messages.

AUSTRALIA

Niektóre dzieci mieszkają tak daleko od szkoły, że muszą uczyć się w domu. **Komunikują się** z nauczycielami przez Internet albo specjalne radia, które wysyłają oraz odbierają wiadomości.

27

Amazing schools

Some schools are in unusual places, and others may have unusual ways of teaching. They may not even look like schools at all!

BANGLADESH

The floating schools of Bangladesh are boats that bring education to children cut off by **floods**. The school boats travel along rivers to visit and teach pupils in different villages.

Niezwykłe szkoły

Niektóre szkoły znajdują się w nietypowych miejscach, natomiast inne mają nietypowe metody nauczania. Czasem mogą wcale nie wyglądać jak szkoły!

BANGLADESZ

Pływające szkoły w Bangladeszu to łodzie, które zapewniają edukację dzieciom odciętym od świata przez **powodzie**. Łodzie szkolne pływają wzdłuż rzek, odwiedzając różne wioski i ucząc mieszkających tam uczniów.

SWEDEN

Vittra schools are free schools with open spaces instead of classrooms. Children can choose what to learn and where to study.

SZWECJA

Szkoły Vittra to nowoczesne szkoły z otwartymi przestrzeniami zamiast klas. Dzieci mogą wybierać, czego i gdzie chcą się uczyć.

BANGLADESH

BANGLADESZ

SWEDEN

SZWECJA

29

Glossary

celebrate to do something special for a happy or important event, for example having a party for someone's birthday

ceremony an event that marks a special occasion, such as a wedding or award-giving. Ceremonies often have speeches, songs or prizes

communicate to exchange information by speaking or writing or in other ways

education skills and knowledge gained through learning

equipment supplies, tools or anything needed to perform a task

flood an area of water on land that is usually dry – for example, when lots of rain causes a river to overflow its banks

headscarf a piece of cloth that goes over a person's head

identify to connect oneself with a place, team, family or other group. Identify also means to give a name to something

identity the way people are seen by themselves and by others

language the words a group of people understand and use to communicate with each other. Countries have their own languages, but so do smaller groups within countries, such as tribes

maize a type of grain, also known as corn, that is grown for food

monastery the place where a group of monks live together and work or study

monk a man who leaves the everyday world to live in a religious community and devote himself to religion

mosque a place of worship, community, culture and learning for Muslims

refugee a person who leaves their homeland because of war or other danger and seeks shelter and safety in another place or country

religion a set of spiritual beliefs shared by a group of people, such as Buddhists, Christians, Hindus or Muslims. Many religions also worship gods and offer people rules and values to live by

remote far away from a town or city

technology scientific knowledge, processes or tools that people can use to do things, for example the use of computers for work or learning

traditional always done in the same way and passed on to younger people in a family or community

Słowniczek

świętować robić coś szczególnego z okazji radosnego albo ważnego wydarzenia, na przykład impreza urodzinowa na czyjeś urodziny

uroczystość wydarzenie związane ze specjalną okazją, takie jak wesele lub rozdanie nagród. Uroczystościom często towarzyszą przemówienia, piosenki lub nagrody

komunikować się wymieniać się informacjami przez mówienie czy pisanie albo na inne sposoby

edukacja umiejętności i wiedza zdobyta przez uczenie się

sprzęt zasoby, narzędzia czy inne rzeczy potrzebne do wykonania jakiegoś zadania

powódź zalanie przez wodę obszaru lądowego, który zwykle jest suchy — na przykład gdy ulewny deszcz sprawi, że rzeka wyleje

chusta na głowę kawałek materiału noszony na głowie

utożsamiać się związać się z miejscem, drużyną, rodziną czy inną grupą. Nadanie tożsamości oznacza również nazwanie czegoś

język słowa, które grupa ludzi rozumie i którymi się posługuje w celu komunikowania się ze sobą. Kraje mają własne języki, ale mniejsze grupy w krajach, na przykład plemiona, też je mają

kukurydza rodzaj zboża uprawianego do jedzenia

klasztor miejsce, gdzie grupa mnichów razem mieszka i pracuje czy uczy się

mnich człowiek, który opuszcza świat codzienny, by zamieszkać we wspólnocie religijnej, oraz poświęca się religii

meczet miejsce kultu religijnego i spotkań społeczności lokalnej oraz ośrodek kultury i nauki dla muzułmanów

uchodźca osoba, która opuszcza swoją ojczyznę z powodu wojny albo innego zagrożenia w poszukiwaniu schronienia oraz bezpieczeństwa w innym miejscu lub kraju

religia zbiór wierzeń duchowych wspólnych dla pewnej grupy osób, takiej jak buddyści, chrześcijanie, hinduiści czy muzułmanie. Wiele religii czci też bogów i przekazuje wiernym zasady i wartości, według których należy żyć

odległy położony daleko od miasteczka czy miasta

technologia wiedza naukowa, procesy czy narzędzia, które ludzie mogą wykorzystywać do wykonywania pewnych czynności (na przykład używanie komputerów do pracy lub nauki)

tradycyjny robiony zawsze w ten sam sposób, który może zostać przekazany młodszym osobom w rodzinie lub w społeczności

Index

Australia 27
Bangladesh 28, 29
boats 6, 28
Britain 14, 15
buses 6, 7
celebrations 8
ceremonies 9
China 22, 23
classrooms 5, 14, 15, 16, 29
computers 16, 18
cooking 23, 25
equipment 16, 17
first day of school 8, 9
France 26, 27
fun 20, 24, 25
Germany 18, 19
getting to school 6, 7
Ghana 10, 11
homework 26
identity 10
India 4, 5
Indonesia 11
Japan 9
languages 18, 21
learning at home 26, 27
Lesotho 23
lunch 12, 22, 23
Mexico 7
monks 15
Myanmar 15
New Zealand 25
outside learning 14
Philippines 20, 21
physical education (PE) 20, 21
Poland 6, 7, 12
refugees 17

religion 15, 19
Russia 8, 9
Saudi Arabia 19
school hours 12, 13
school size 4, 5, 12
South Africa 21
South Korea 13
Spain 12, 13
Sweden 29
swimming 21
Syria 17
Tanzania 16, 17
teachers 4
technology 18
Thailand 24, 25
Turkey 17
uniforms 10, 11
unusual schools 28, 29
USA 4

Indeks

Afryka Południowa 21
Arabia Saudyjska 19
Australia 27
autobusy 6, 7
Bangladesz 28, 29
Chiny 22, 23
dotarcie do szkoły 6, 7
drugie śniadanie 12, 22, 23
Filipiny 20, 21
Francja 26, 27
Ghana 10, 11
godziny szkolne 12, 13
gotowanie 23, 25
Hiszpania 12, 13
Indie 4, 5
Indonezja 11
Japonia 9
języki 18, 21
komputery 16, 18
Korea Południowa 13
Lesotho 23
łodzie 6, 28
Meksyk 7
mnisi 15
mundurki 10, 11
Myanmar 15
nauczyciele 4
nauka na dworze 14
Niemcy 18, 19
nietypowe szkoły 28, 29
Nowa Zelandia 25
pierwszy dzień szkoły 8, 9
pływanie 21

Polska 6, 7, 12
religia 15, 19
Rosja 8, 9
sale klasowe 5, 14, 15, 16, 29
sprzęt 16, 17
Stany Zjednoczone 4
świętowanie 8
Syria 17
Szwecja 29
Tajlandia 24, 25
Tanzania 16, 17
technologia 18
tożsamość 10
Turcja 17
uchodźcy 17
uczenie się w domu 26, 27
uroczystości 9
Wielka Brytania 14, 15
wielkość szkoły 4, 5, 12
wychowanie fizyczne (WF) 20, 21
zabawa 20, 24, 25
zadania domowe 26

Kolejność haseł w polskim indeksie jest inna niż w indeksie angielskim.